Sandra Eichfelder

Malen und Lernen

Rechnen mit Spaß
1. Schuljahr

Illustrationen von Corina Beurenmeister

Dieses Heft gehört

Name, Alter, Klasse, Lehrer/in

Kreis, Dreieck, Rechteck, Quadrat

Male alle Kreise bunt aus! Wie viele Kreise sind in jeder Reihe?

Weiterzeichnen

Weißt du, wie es weitergeht?
Setze die Reihen fort!

☐ △ ☐ △ ☐ △

△ ○ △ ○ △ ○

△ ○ ○ ○ △ ○ ○

☐ ○ △ ☐ ○ △

☐ ○ △ △ ☐ ○ △ △

Die Zahl 3

Kennst du die Zahl 3?
Dann fahre alle 3en bunt nach – und dich erwartet eine Überraschung!

```
4 2 2 5 1 3 3 3 3 2 6 8 4 5 7 1
5 9 6 8 1 2 5 7 2 3 3 4 5 7 9 7 1
4 6 9 1 2 4 2 5 1 6 3 3 8 7 6 5 9
9 1 2 1 4 6 5 6 1 2 9 3 3 2 9 7 6
4 2 6 5 7 5 8 8 7 6 3 3 5 4 1 6 8
8 9 6 5 1 2 3 3 3 3 3 9 1 2 4 1 5
2 4 7 6 7 9 6 8 4 2 3 3 1 1 2 4 5
4 6 4 2 5 1 6 8 8 1 6 3 3 7 8 9 2
4 5 1 7 6 2 2 8 6 9 3 3 2 9 6 1 7
5 4 2 7 5 8 5 8 4 3 3 1 8 8 6 1 2
9 9 7 8 1 3 3 3 3 3 1 6 8 5 5 9 4
```

Groß und klein

Setze die Reihen fort, und male alle Zeichen bunt an!

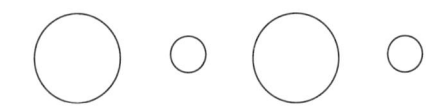

Seifenblasen zählen

Wie viele Seifenblasen siehst du?
Zähle sie, und schreibe die richtige Zahl auf die Linie.

Es sind _____ Seifenblasen.

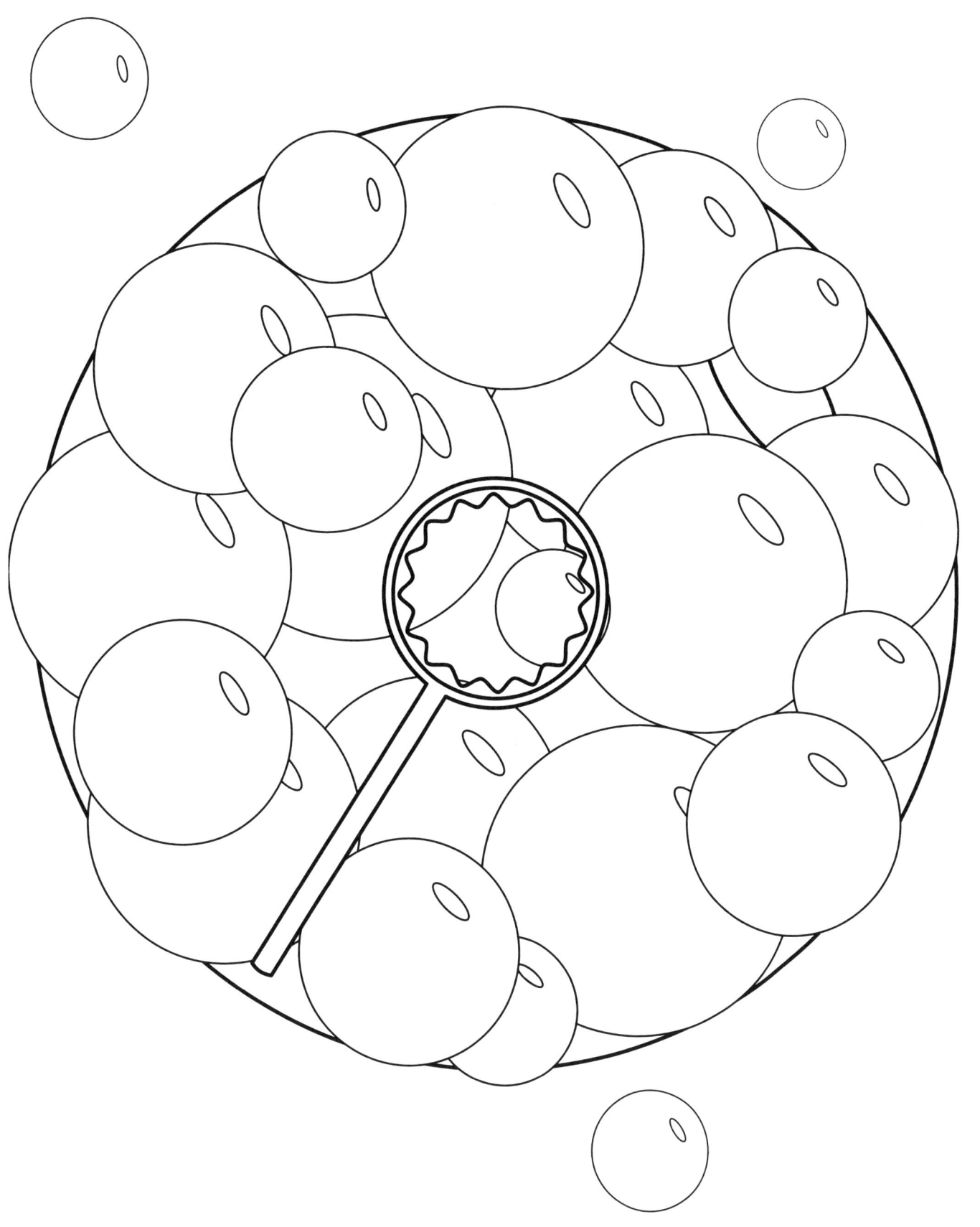

Die Zahl 5

Fahre alle 5en nach.
Dann siehst du etwas Überraschendes!

```
3 4 2 2 1 5 5 5 5 5 5 8 4 7 1 9
9 6 4 8 1 5 5 7 2 3 9 3 4 7 9 1
4 6 9 1 2 5 5 4 2 1 6 3 3 8 7 6 9
9 1 2 1 4 5 5 6 1 2 9 3 3 2 9 7 6
4 2 6 7 8 5 5 5 5 7 6 3 3 4 1 6 8
8 9 6 1 2 3 3 6 5 5 9 8 4 1 2 4 1
2 4 7 6 7 9 6 8 4 5 5 3 1 1 2 4 9
4 6 4 2 1 6 8 8 1 6 5 5 3 7 8 9 2
4 1 7 6 2 2 8 6 9 5 5 3 2 9 6 1 7
2 4 2 7 8 8 4 3 5 5 1 8 9 8 6 1 2
9 9 7 8 1 5 5 5 5 2 1 6 8 7 3 9 4
```

Markttag

Nimm einen Buntstift, und kreise immer drei gleiche Obst- oder Gemüsestücke ein!

Vorgänger – Nachfolger

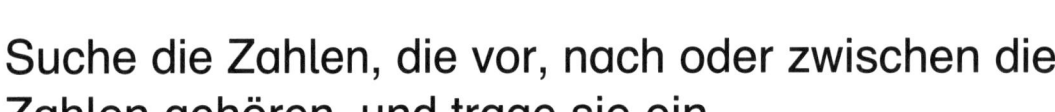

Suche die Zahlen, die vor, nach oder zwischen die Zahlen gehören, und trage sie ein.

2 – 3 – 4		___ – 4 – ___
___ – 5 – ___		___ – 8 – ___
___ – 7 – ___		___ – 2 – ___
___ – 6 – ___		___ – 9 – ___

5 – ___ – 7		6 – ___ – 8
7 – ___ – 9		8 – ___ – 10
4 – ___ – 6		3 – ___ – 5
2 – ___ – 4		1 – ___ – 3
2 – ___ – ___		___ – 5 – 6

Plusaufgaben

Rechne die Zahlen zusammen, und schreibe die Lösungen auf.

1 + 4 = ____

3 + 5 = ____

2 + 7 = ____

6 + 1 = ____

2 + 4 = ____

1 + 8 = ____

4 + 4 = ____

7 + 1 = ____

4 + 2 = ____

8 + 2 = ____

5 + 4 = ____

3 + 7 = ____

2 + 5 = ____

1 + 3 = ____

3 + 3 = ____

3 + 6 = ____

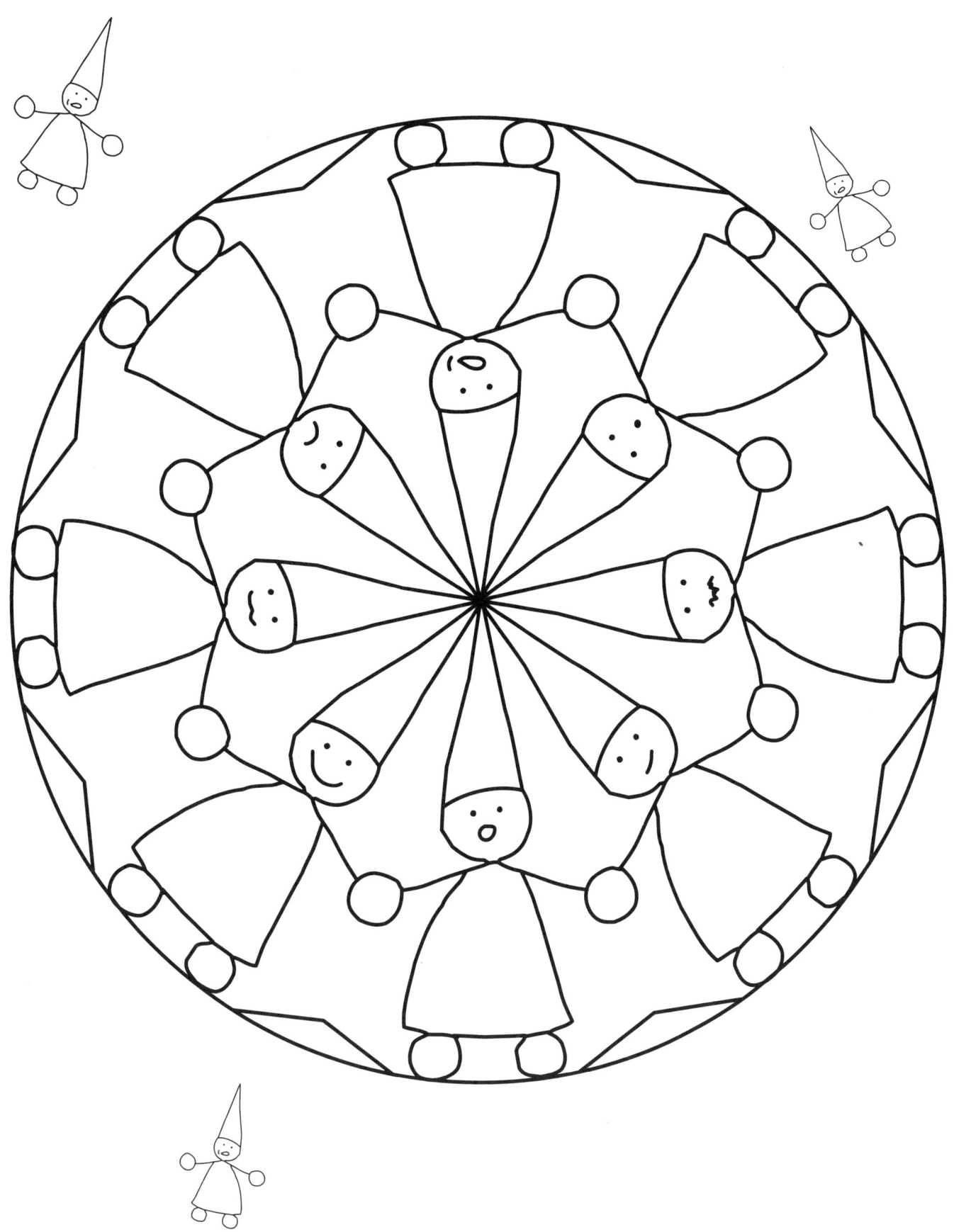

Auf der Pferdekoppel

Wie viele Pferde siehst du?
Zähle sie zusammen, und schreibe die passende
Rechenaufgabe unter das Bild!

☐ + ☐ = ☐

Fehlende Zahlen

Welche Zahl musst du dazuzählen? Trage sie ein!

2 + ___ = 6
4 + ___ = 9
3 + ___ = 8
5 + ___ = 7

8 + ___ = 10
7 + ___ = 9
4 + ___ = 6
3 + ___ = 10

9 + ___ = 10
2 + ___ = 10
8 + ___ = 9
3 + ___ = 4

1 + ___ = 7
5 + ___ = 8
7 + ___ = 8
1 + ___ = 4

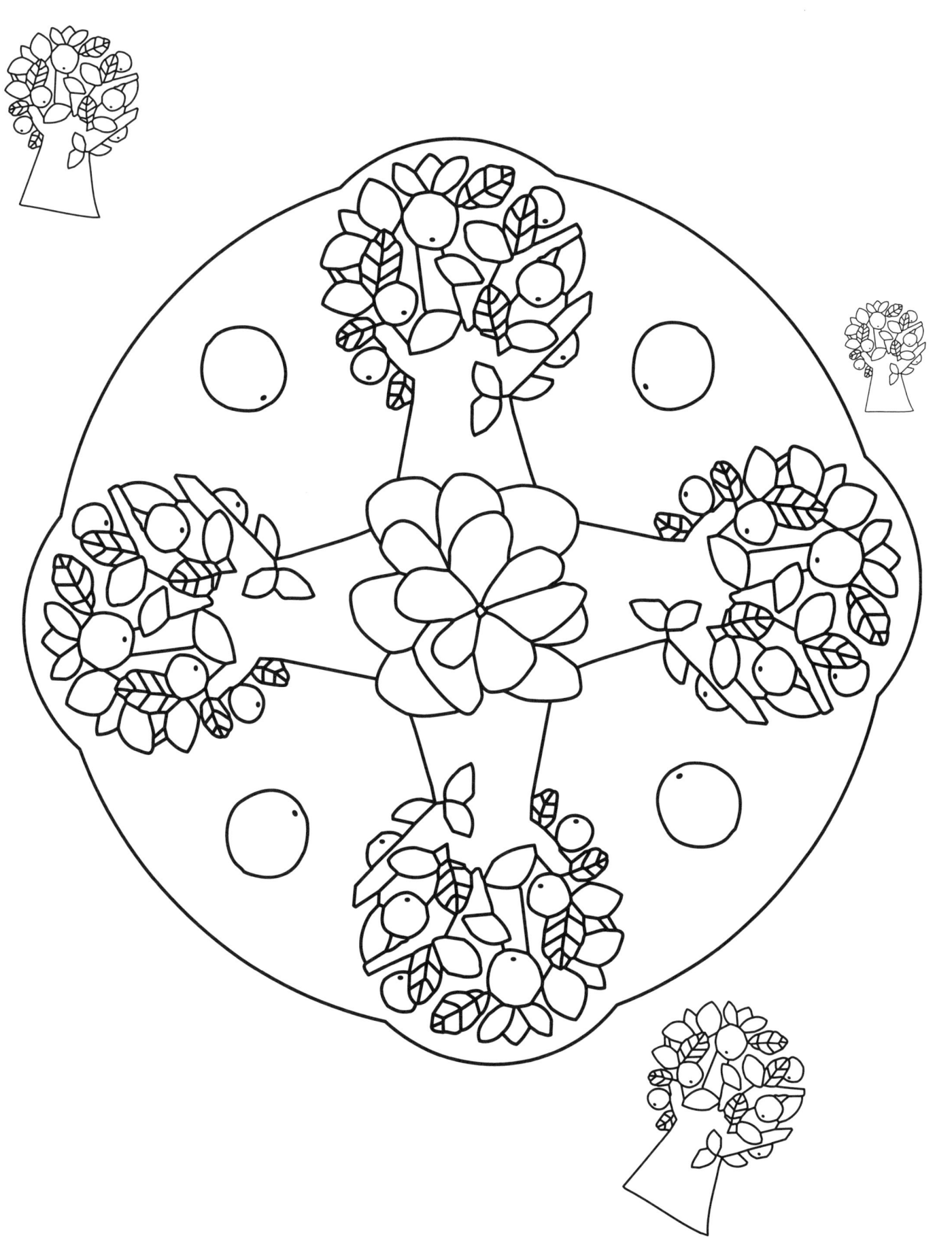

Minusaufgaben

Ziehe die kleinere Zahl von der größeren ab.
Was ist das Ergebnis?

7 – 2 = ___
3 – 1 = ___
5 – 4 = ___
6 – 3 = ___

10 – 6 = ___
5 – 3 = ___
4 – 2 = ___
5 – 2 = ___

9 – 4 = ___
10 – 5 = ___
6 – 4 = ___
7 – 3 = ___

6 – 5 = ___
9 – 6 = ___
8 – 5 = ___
10 – 4 = ___

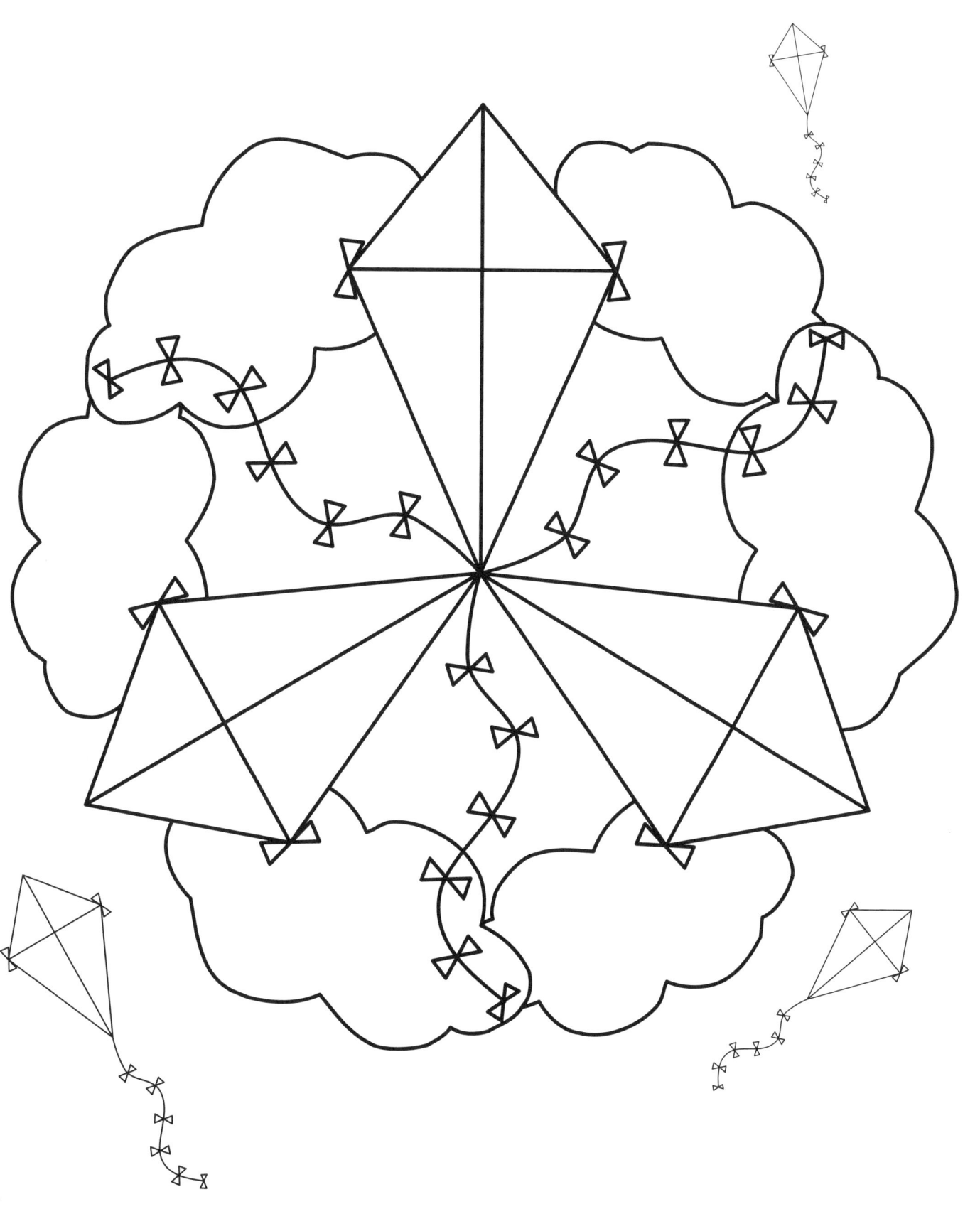

Bunte Luftballons

Wie viele Luftballons sind noch ganz?
Schreibe unter jedes Kind die passende Rechnung!

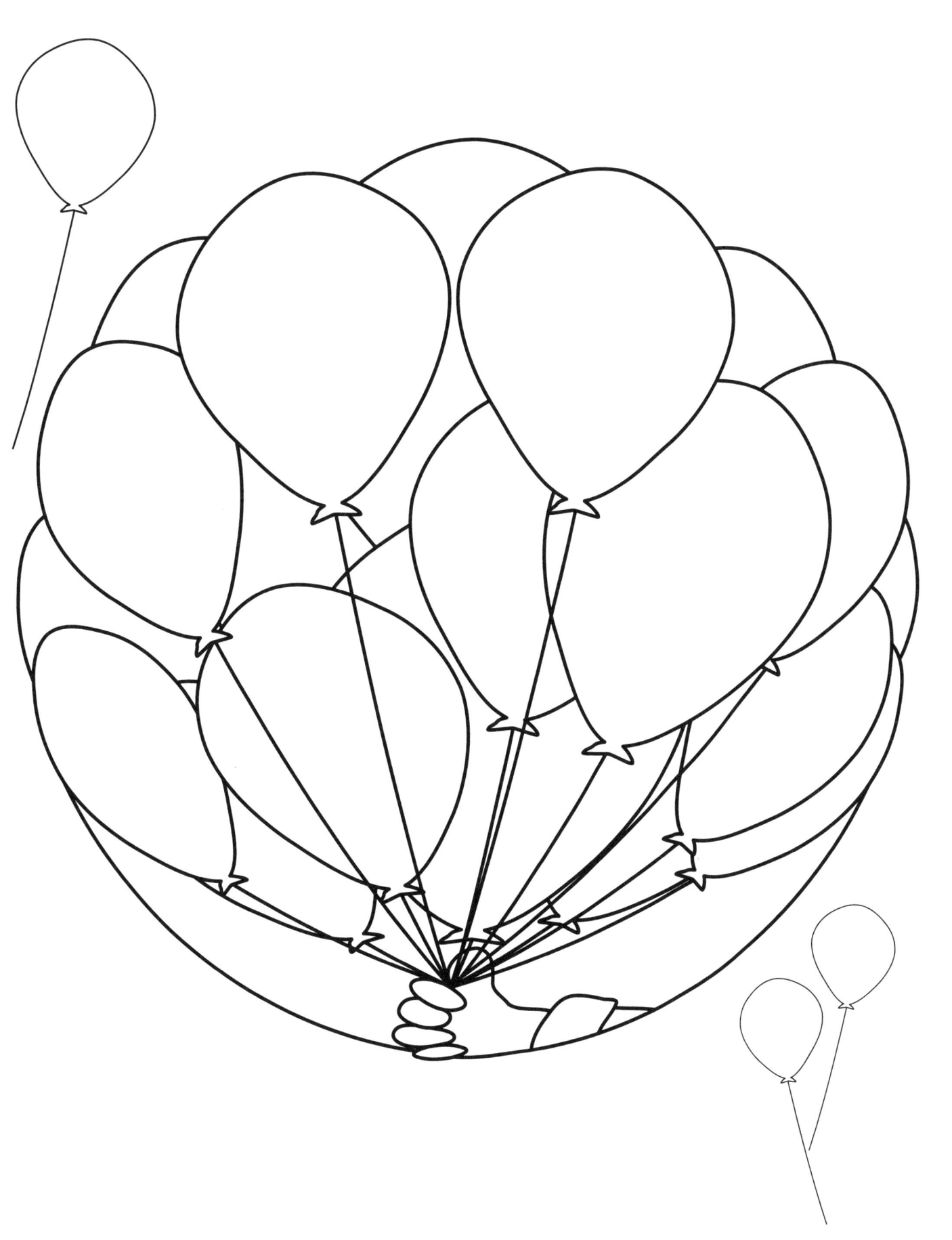

Abziehen

Welche Zahl musst du abziehen?
Schreibe sie auf die Linie.

10 – ___ = 7   5 – ___ = 2
8 – ___ = 5   4 – ___ = 2
3 – ___ = 1   6 – ___ = 3
4 – ___ = 1   9 – ___ = 2

8 – ___ = 1   7 – ___ = 2
6 – ___ = 2   5 – ___ = 3
7 – ___ = 3   9 – ___ = 4
9 – ___ = 5   4 – ___ = 3

Punkterätsel

Verbinde die Zahlen von 1 bis 20.
Was siehst du?

Plusaufgaben bis 20

Rechne diese verwandten Aufgaben!

4 + 3 =
14 + 3 =

1 + 4 =
11 + 4 =

5 + 4 =
15 + 4 =

3 + 5 =
13 + 5 =

3 + 6 =
13 + 6 =

4 + 5 =
14 + 5 =

7 + 2 =
17 + 2 =

2 + 6 =
12 + 6 =

3 + 4 =
13 + 4 =

5 + 2 =
15 + 2 =

2 + 3 =
12 + 3 =

7 + 1 =
17 + 1 =

Minusaufgaben bis 20

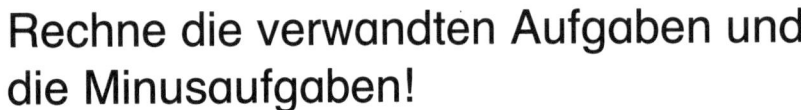

Rechne die verwandten Aufgaben und die Minusaufgaben!

Verwandte Aufgaben:

5 – 2 = ___   7 – 3 = ___
15 – 2 = ___   17 – 3 = ___

2 – 1 = ___   5 – 3 = ___
12 – 1 = ___   15 – 3 = ___

8 – 4 = ___   6 – 3 = ___
18 – 4 = ___   16 – 3 = ___

Minusaufgaben:

19 – 2 = ___   20 – 6 = ___
13 – 1 = ___   16 – 2 = ___

17 – 5 = ___   18 – 3 = ___
19 – 6 = ___   14 – 1 = ___
15 – 4 = ___   20 – 8 = ___

Aufgabenfische angeln

Zu jedem Aufgabenfisch passt eine der Kisten mit Ergebniszahlen. Male die passenden Fische und Kisten jeweils in der gleichen Farbe an!

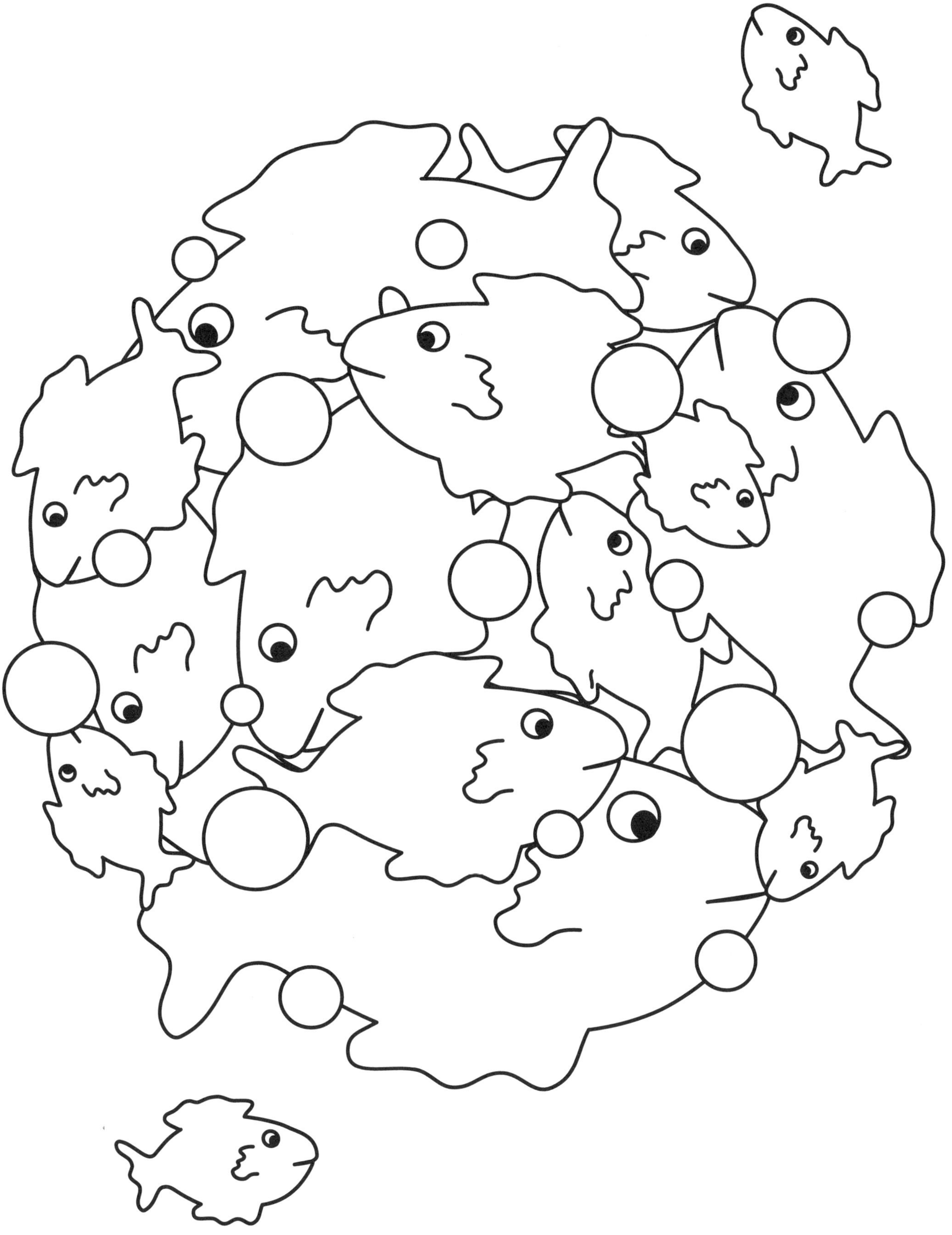

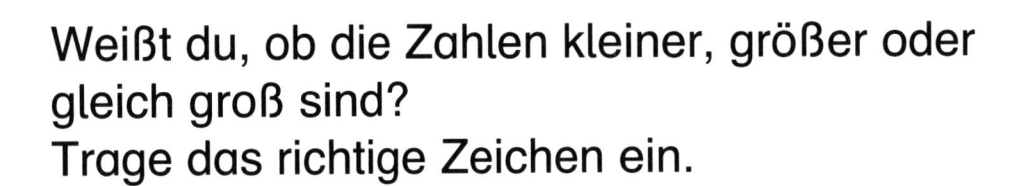

Kleiner, größer oder gleich?

Weißt du, ob die Zahlen kleiner, größer oder gleich groß sind?
Trage das richtige Zeichen ein.

15 < 16	13 __ 18
14 __ 18	17 __ 12
13 __ 12	19 __ 14
14 __ 14	13 __ 9
8 __ 12	9 __ 2

15 __ 11	7 __ 12
10 __ 10	16 __ 17
13 __ 15	20 __ 19
14 __ 5	16 __ 15
4 __ 5	19 __ 20

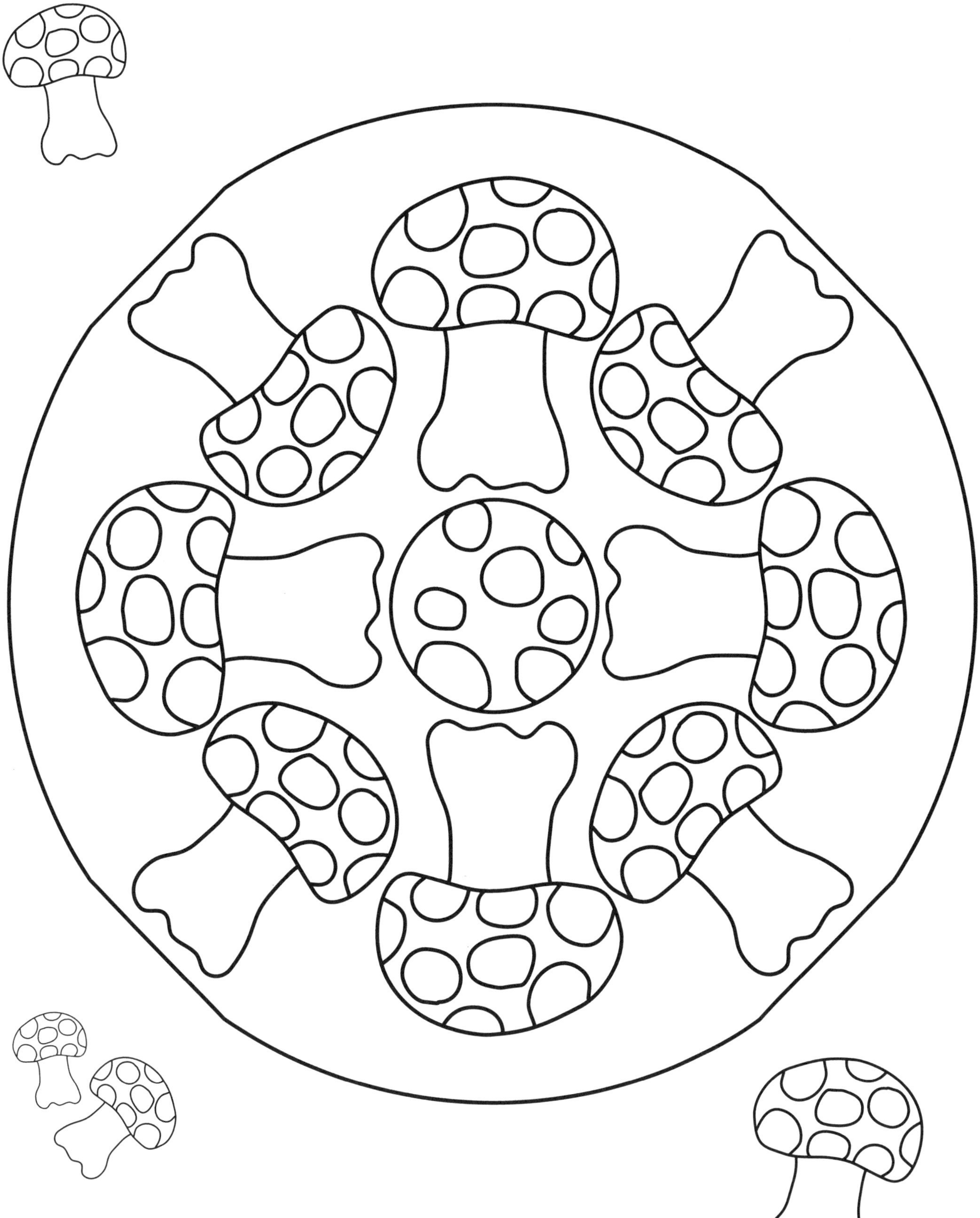

Überraschungsbild

Male alle Felder aus, deren Ergebnis größer als 14 ist.
Dann siehst du, was sich im Bild versteckt hat.

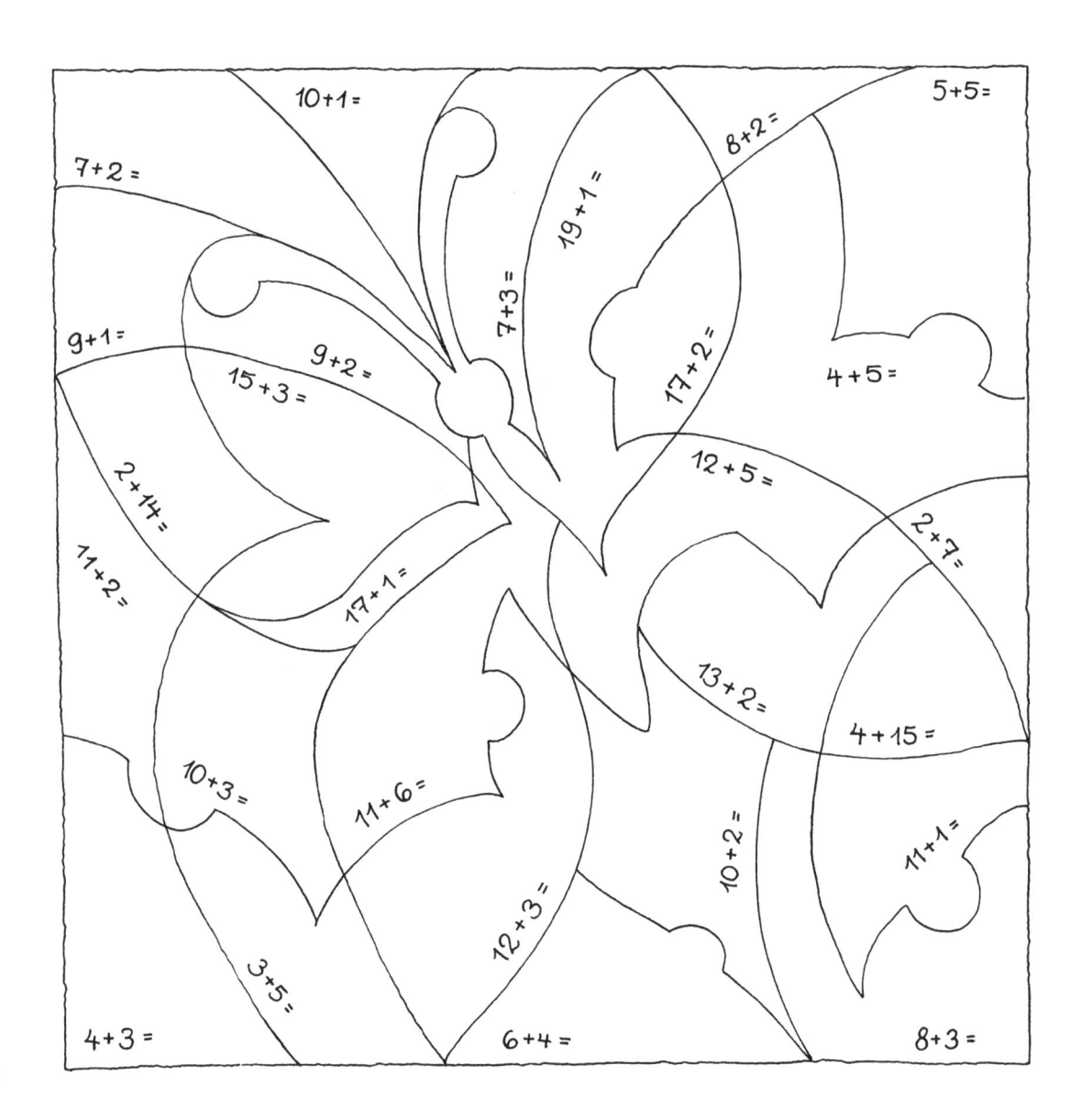

10 + 1 =
5 + 5 =
7 + 2 =
8 + 2 =
19 + 1 =
7 + 3 =
9 + 1 =
9 + 2 =
15 + 3 =
17 + 2 =
4 + 5 =
2 + 14 =
12 + 5 =
11 + 2 =
17 + 1 =
2 + 7 =
13 + 2 =
4 + 15 =
10 + 3 =
11 + 6 =
10 + 2 =
11 + 1 =
12 + 3 =
3 + 5 =
4 + 3 =
6 + 4 =
8 + 3 =

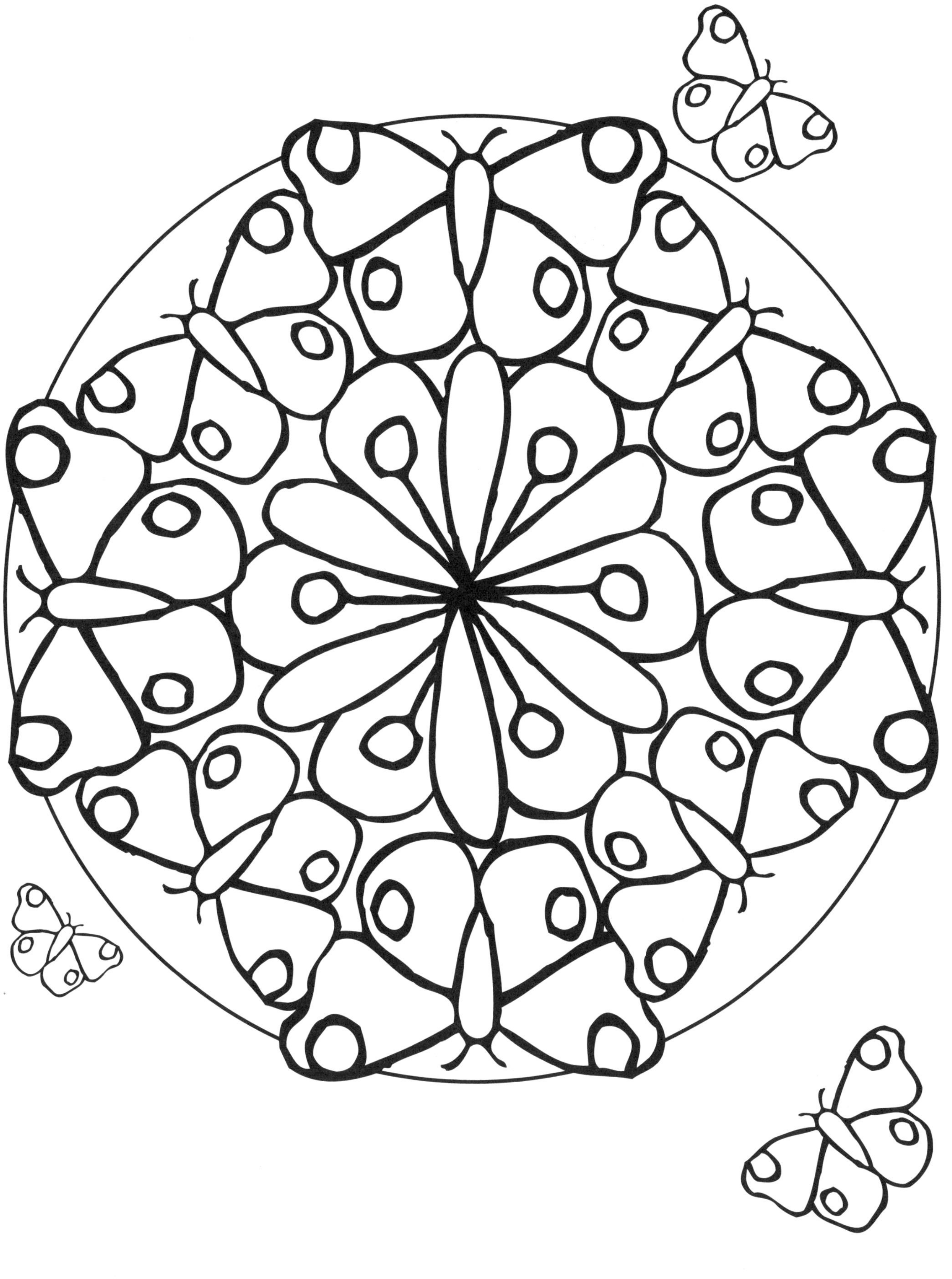

Rechnen mit Euro

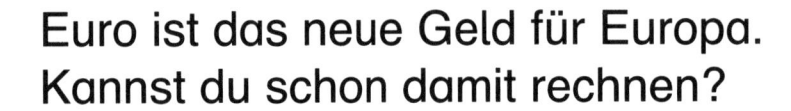

Euro ist das neue Geld für Europa.
Kannst du schon damit rechnen?

Plusaufgaben:

2 EUR + 3 EUR = _____

4 EUR + 2 EUR = _____

8 EUR + 1 EUR = _____

12 EUR + 3 EUR = _____

15 EUR + 2 EUR = _____

6 EUR + 2 EUR = _____

3 EUR + 1 EUR = _____

5 EUR + 2 EUR = _____

9 EUR + 1 EUR = _____

13 EUR + 4 EUR = _____

Minusaufgaben:

8 EUR − 2 EUR = _____

9 EUR − 8 EUR = _____

17 EUR − 6 EUR = _____

12 EUR − 1 EUR = _____

18 EUR − 2 EUR = _____

5 EUR − 3 EUR = _____

6 EUR − 3 EUR = _____

19 EUR − 9 EUR = _____

15 EUR − 4 EUR = _____

16 EUR − 3 EUR = _____

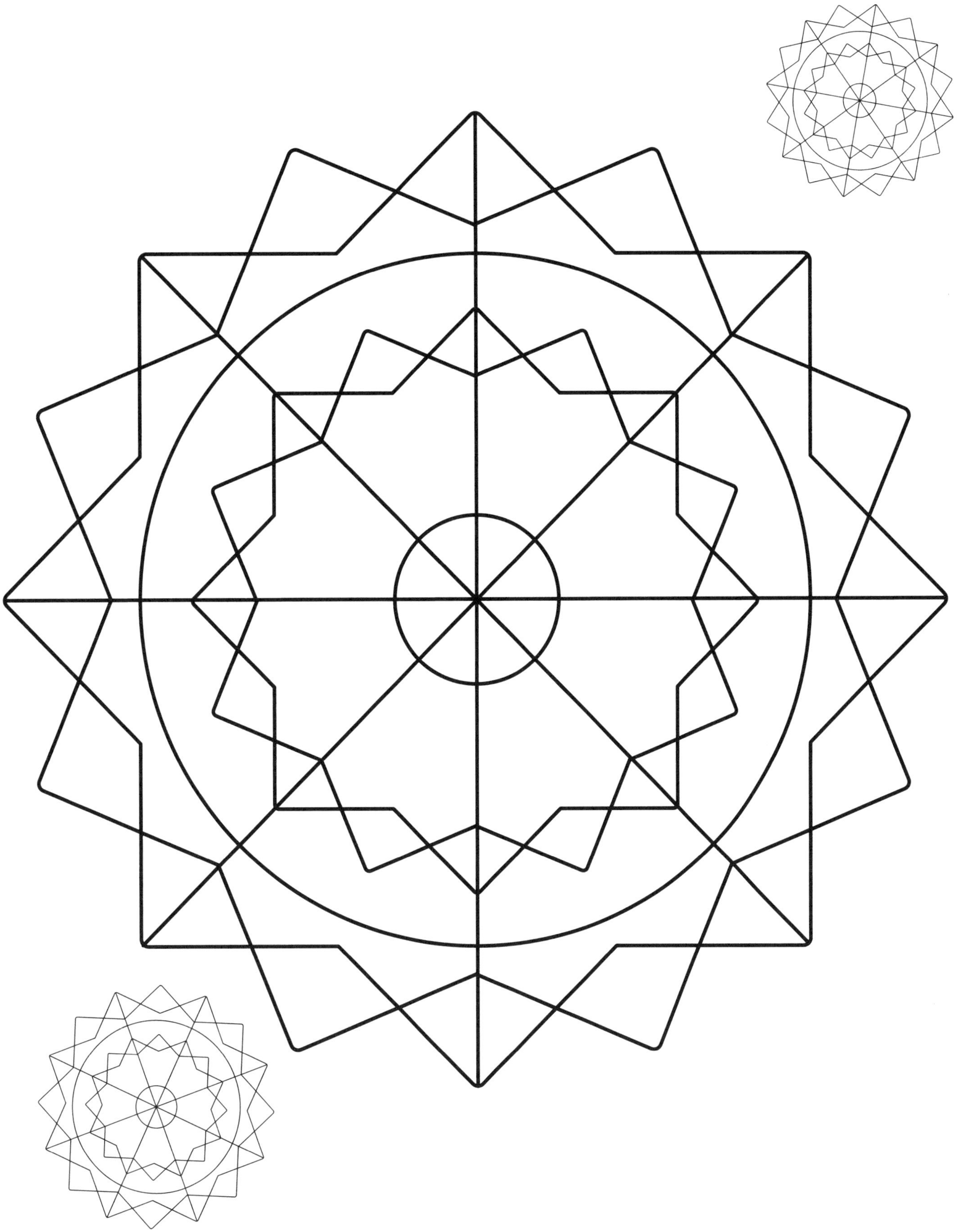

Rechnen mit Cent

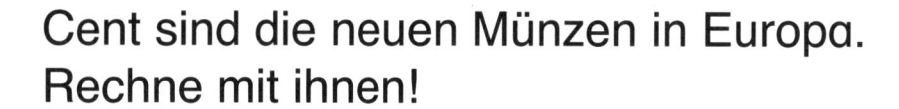

Cent sind die neuen Münzen in Europa.
Rechne mit ihnen!

Plusaufgaben:

20 Cent + 40 Cent = _____

50 Cent + 20 Cent = _____

80 Cent + 20 Cent = _____

20 Cent + 70 Cent = _____

10 Cent + 30 Cent = _____

20 Cent + 10 Cent = _____

80 Cent + 10 Cent = _____

20 Cent + 50 Cent = _____

Minusaufgaben:

40 Cent − 10 Cent = _____

40 Cent − 30 Cent = _____

70 Cent − 30 Cent = _____

50 Cent − 40 Cent = _____

70 Cent − 40 Cent = _____

50 Cent − 10 Cent = _____

40 Cent − 20 Cent = _____

90 Cent − 10 Cent = _____

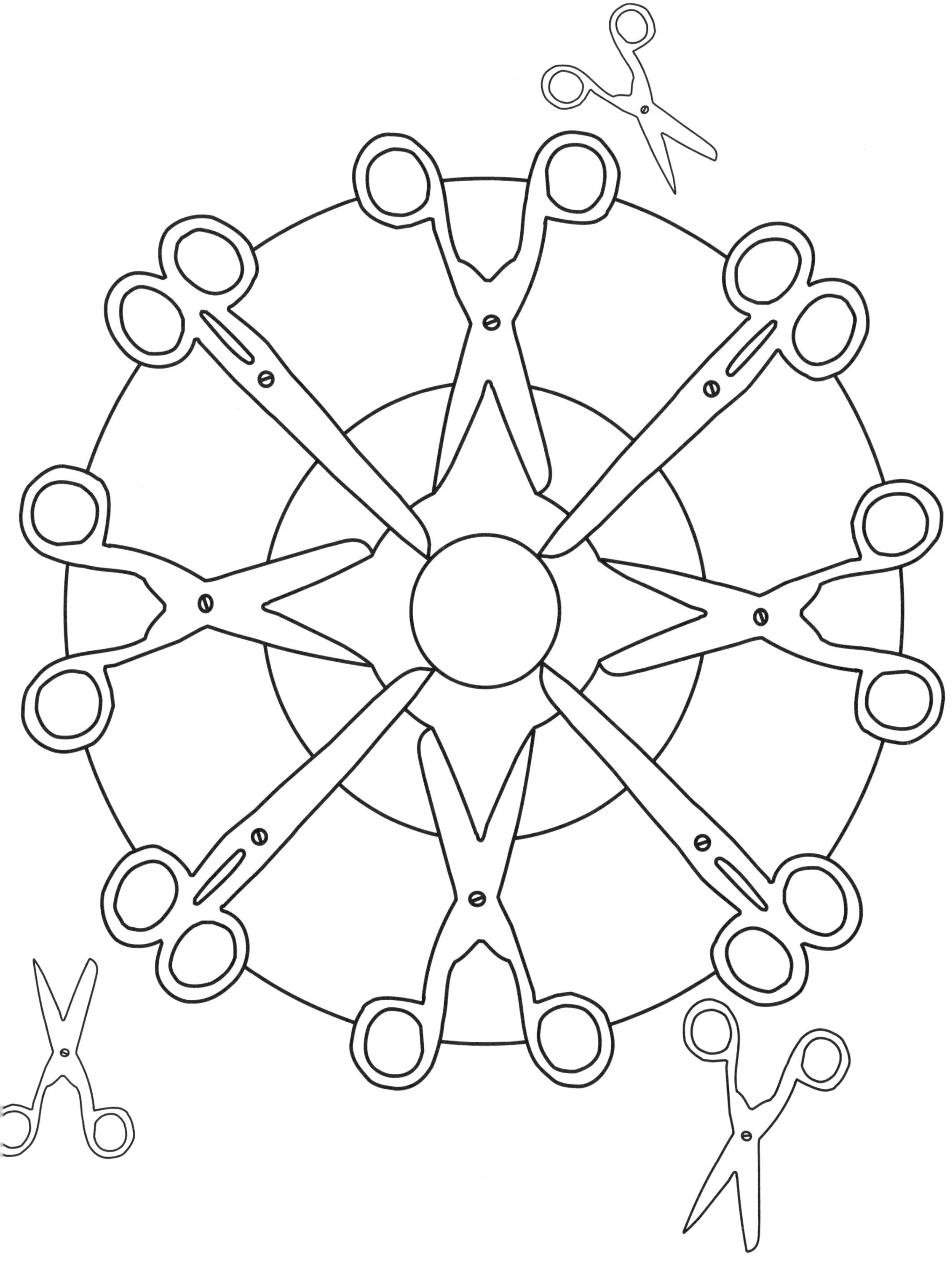

Lösungen

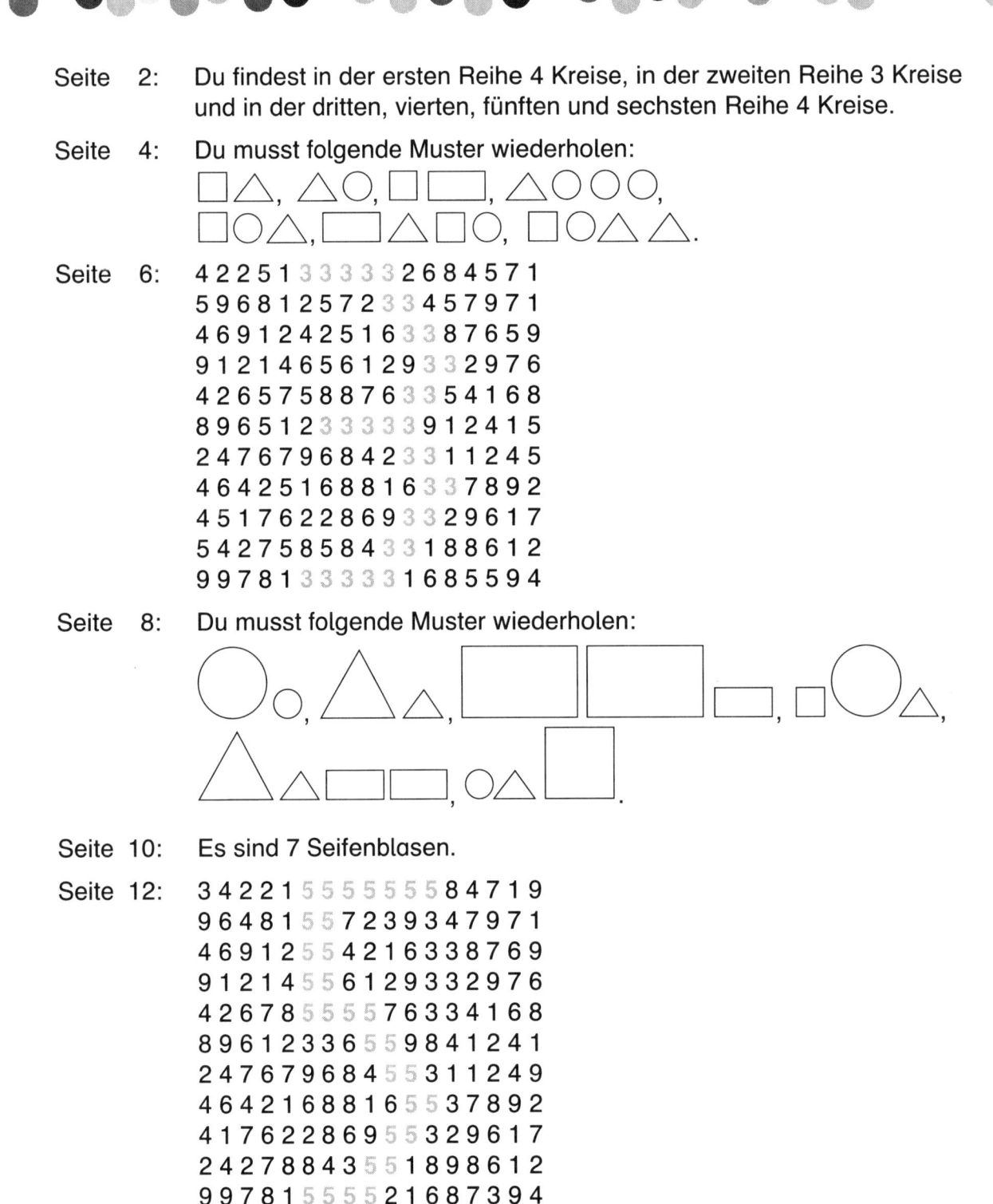

Seite 2: Du findest in der ersten Reihe 4 Kreise, in der zweiten Reihe 3 Kreise und in der dritten, vierten, fünften und sechsten Reihe 4 Kreise.

Seite 4: Du musst folgende Muster wiederholen:
□△, △○, □□, △○○○,
□○△, □△□○, □○△△.

Seite 6:
4 2 2 5 1 3 3 3 3 2 6 8 4 5 7 1
5 9 6 8 1 2 5 7 2 3 3 4 5 7 9 7 1
4 6 9 1 2 4 2 5 1 6 3 3 8 7 6 5 9
9 1 2 1 4 6 5 6 1 2 9 3 3 2 9 7 6
4 2 6 5 7 5 8 8 7 6 3 3 5 4 1 6 8
8 9 6 5 1 2 3 3 3 3 9 1 2 4 1 5
2 4 7 6 7 9 6 8 4 2 3 3 1 1 2 4 5
4 6 4 2 5 1 6 8 8 1 6 3 3 7 8 9 2
4 5 1 7 6 2 2 8 6 9 3 3 2 9 6 1 7
5 4 2 7 5 8 5 8 4 3 3 1 8 8 6 1 2
9 9 7 8 1 3 3 3 3 3 1 6 8 5 5 9 4

Seite 8: Du musst folgende Muster wiederholen:
○○, △△, □□, □○△,
△△□□, ○△□.

Seite 10: Es sind 7 Seifenblasen.

Seite 12:
3 4 2 2 1 5 5 5 5 5 5 8 4 7 1 9
9 6 4 8 1 5 5 7 2 3 9 3 4 7 9 7 1
4 6 9 1 2 5 5 4 2 1 6 3 3 8 7 6 9
9 1 2 1 4 5 5 6 1 2 9 3 3 2 9 7 6
4 2 6 7 8 5 5 5 5 7 6 3 3 4 1 6 8
8 9 6 1 2 3 3 6 5 5 9 8 4 1 2 4 1
2 4 7 6 7 9 6 8 4 5 5 3 1 1 2 4 9
4 6 4 2 1 6 8 8 1 6 5 5 3 7 8 9 2
4 1 7 6 2 2 8 6 9 5 5 3 2 9 6 1 7
2 4 2 7 8 8 4 3 5 5 1 8 9 8 6 1 2
9 9 7 8 1 5 5 5 5 2 1 6 8 7 3 9 4

Seite 14:

Seite 16:
2 – 3 – 4	5 – 6 – 7	3 – 4 – 5	6 – 7 – 8
4 – 5 – 6	7 – 8 – 9	7 – 8 – 9	8 – 9 – 10
6 – 7 – 8	4 – 5 – 6	1 – 2 – 3	3 – 4 – 5
5 – 6 – 7	2 – 3 – 4	8 – 9 – 10	1 – 2 – 3
		2 – 3 – 4	4 – 5 – 6

Seite 18:
1 + 4 = 5	2 + 4 = 6	4 + 2 = 6	2 + 5 = 7
3 + 5 = 8	1 + 8 = 9	8 + 2 = 10	1 + 3 = 4
2 + 7 = 9	4 + 4 = 8	5 + 4 = 9	3 + 3 = 6
6 + 1 = 7	7 + 1 = 8	3 + 7 = 10	3 + 6 = 9

Seite 20: 3 + 4 = 7. Es stehen 7 Pferde auf der Koppel.

Seite 22:
2 + 4 = 6	9 + 1 = 10	8 + 2 = 10	1 + 6 = 7
4 + 5 = 9	2 + 8 = 10	7 + 2 = 9	5 + 3 = 8
3 + 5 = 8	8 + 1 = 9	4 + 2 = 6	7 + 1 = 8
5 + 2 = 7	3 + 1 = 4	3 + 7 = 10	1 + 3 = 4

Seite 24:
7 – 2 = 5	9 – 4 = 5	10 – 6 = 4	6 – 5 = 1
3 – 1 = 2	10 – 5 = 5	5 – 3 = 2	9 – 6 = 3
5 – 4 = 1	6 – 4 = 2	4 – 2 = 2	8 – 5 = 3
6 – 3 = 3	7 – 3 = 4	5 – 2 = 3	10 – 4 = 6

Seite 26: 8 – 4 = 4; 8 – 6 = 2

Seite 28:
10 – 3 = 7	8 – 7 = 1	5 – 3 = 2	7 – 5 = 2
8 – 3 = 5	6 – 4 = 2	4 – 2 = 2	5 – 2 = 3
3 – 2 = 1	7 – 4 = 3	6 – 3 = 3	9 – 5 = 4
4 – 3 = 1	9 – 4 = 5	9 – 7 = 2	4 – 1 = 3

Seite 30: Ein Rennauto

Seite 32:
4 + 3 = 7	3 + 6 = 9	3 + 4 = 7	1 + 4 = 5	4 + 5 = 9	5 + 2 = 7
14 + 3 = 17	13 + 6 = 19	13 + 4 = 17	11 + 4 = 15	14 + 5 = 19	15 + 2 = 17
5 + 4 = 9	7 + 2 = 9	2 + 3 = 5	3 + 5 = 8	2 + 6 = 8	7 + 1 = 8
15 + 4 = 19	17 + 2 = 19	12 + 3 = 15	13 + 5 = 18	12 + 6 = 18	17 + 1 = 18

Seite 34: Verwandte Aufgaben:
  5 − 2 = 3   8 − 4 = 4   5 − 3 = 2
 15 − 2 = 13 18 − 4 = 14 15 − 3 = 12
  2 − 1 = 1   7 − 3 = 4   6 − 3 = 3
 12 − 1 = 11 17 − 3 = 14 16 − 3 = 13

Minusaufgaben:
 19 − 2 = 17   20 − 6 = 14
 13 − 1 = 12   16 − 2 = 14
 17 − 5 = 12   18 − 3 = 15
 19 − 6 = 13   14 − 1 = 13
 15 − 4 = 11   20 − 8 = 12

Seite 36: 14 − 2 = 12   18 − 5 = 13
 13 − 2 = 11   20 − 6 = 14
 19 − 4 = 15   19 − 1 = 18

Seite 38:
 15 < 16   8 < 12   14 > 5   19 > 14   16 < 17
 14 < 18   15 > 11   4 < 5   13 > 9   20 > 19
 13 > 12   10 = 10   13 < 18   9 > 2   16 > 15
 14 = 14   13 < 15   17 > 12   7 < 12   19 < 20

Seite 40: Im Bild hat sich ein Schmetterling versteckt.

Seite 42: Plusaufgaben: Minusaufgaben:
  2 EUR + 3 EUR = 5 EUR   8 EUR − 2 EUR = 6 EUR
  4 EUR + 2 EUR = 6 EUR   9 EUR − 8 EUR = 1 EUR
  8 EUR + 1 EUR = 9 EUR   17 EUR − 6 EUR = 11 EUR
 12 EUR + 3 EUR = 15 EUR   12 EUR − 1 EUR = 11 EUR
 15 EUR + 2 EUR = 17 EUR   18 EUR − 2 EUR = 16 EUR
  6 EUR + 2 EUR = 8 EUR   5 EUR − 3 EUR = 2 EUR
  3 EUR + 1 EUR = 4 EUR   6 EUR − 3 EUR = 3 EUR
  5 EUR + 2 EUR = 7 EUR   19 EUR − 9 EUR = 10 EUR
  9 EUR + 1 EUR = 10 EUR   15 EUR − 4 EUR = 11 EUR
 13 EUR + 4 EUR = 17 EUR   16 EUR − 3 EUR = 13 EUR

Seite 44: Plusaufgaben: Minusaufgaben:
 20 Cent + 40 Cent = 60 Cent   40 Cent − 10 Cent = 30 Cent
 50 Cent + 20 Cent = 70 Cent   40 Cent − 30 Cent = 10 Cent
 80 Cent + 20 Cent = 100 Cent   70 Cent − 30 Cent = 40 Cent
 20 Cent + 70 Cent = 90 Cent   50 Cent − 40 Cent = 10 Cent
 10 Cent + 30 Cent = 40 Cent   70 Cent − 40 Cent = 30 Cent
 20 Cent + 10 Cent = 30 Cent   50 Cent − 10 Cent = 40 Cent
 80 Cent + 10 Cent = 90 Cent   40 Cent − 20 Cent = 20 Cent
 20 Cent + 50 Cent = 70 Cent   90 Cent − 10 Cent = 80 Cent